AF214616

Hokus Fokus Parkinson

Texte & Gedichte

von

Lilli di Gernand

Impressum

© 2017 Lilli di Gernand Umschlaggestaltung,
Illustration: Lilli di Gernand

Verlag und Druck: tredition GmbH, Halenreie 42,
22359 Hamburg

Druck in Deutschland und weiteren Ländern

978-3-7439-4472-5 (Paperback)
978-3-7439-4473-2 (Hardcover)
978-3-7439-4474-9 (e-Book)

Das Werk, einschließlich seiner Teile, ist
urheberrechtlich geschützt. Jede Verwertung ist
ohne Zustimmung des Verlages und des Autors
unzulässig. Dies gilt insbesondere für die
elektronische oder sonstige Vervielfältigung,
Übersetzung, Verbreitung und öffentliche
Zugänglichmachung.

Bibliografische Information der Deutschen
Nationalbibliothek:
Die Deutsche Nationalbibliothek verzeichnet
diese Publikation in der Deutschen
Nationalbibliografie; detaillierte bibliografische
Daten sind im Internet über http://dnb.d-nb.de
abrufbar.

Voller Dankbarkeit widme ich mein Buch meinen Freunden, die auch in der schweren Zeit zu mir gehalten haben, vor allem meinem geliebten Mann, der mich immer unterstützt hat sowie meinen beiden Söhnen, auf die ich unendlich stolz bin.

Spezieller Dank gilt Herrn Prof. Dr. Timmermann und Frau Prof. Dr. Visser-Vandewalle, die mir mit großer Professionalität und Menschlichkeit begegnet sind.

Lilli di Gernand

Einleitung

Es ist der Tag vor meinem 62. Geburtstag. Demnächst, so hoffe ich, werde ich wiedergeboren. Keine Ahnung, ob ich noch ich sein werde. Kopf, bzw. das Gehirn und das Herz sind die Organe, die uns der liebe Gott geliehen hat, um sie zu nutzen, nicht um tatenlos deren Verfall zuzulassen.

Mein Herz kommuniziert mit mir, ja, es flattert, rast, setzt aus. Das ist seine Art mich zu warnen. Schon beinahe 12 Jahre Medikamente, Dank derer ich noch manchen Ausflug ins Leben unternommen habe. Der Kopf - rein äußerlich noch gut als solcher erkennbar - sitzt wie immer auf dem Hals, der kürzer wirkt als früher. Unter der Rigorregie nähern sich linksseitig Kopf und Hals an, sodass ich nachts, um diesen Prozess zu stoppen mein Kissen dazwischen klemme. Der Körper will sich in der Nacht nicht mehr umdrehen, er muss sozusagen gewendet werden. Eine Aufgabe, die ich meinem Partner nicht gerne zumute. Die Beine sind schwach und tragen mich bestenfalls noch bis zu der kleinen Wallfahrtskirche *Addolorata* auf dem Hügel namens *Colla Bella*, auf dem wir seit fünf Jahren unser italienisches Zuhause haben. Die Kapelle hat dort auf mich gewartet, damit ich mein Abschiedsfest in ihr feiern konnte. Der Padre ist seither mein Freund. *Don Alessio* wollte nicht wissen, wer wir sind, er hat uns - damals Fremden - seine Kirche anvertraut und mit uns gefeiert. Er grüßt uns immer voller Zuneigung, insbesondere mich, die immer noch Überlebende...

Mein Fest war wunderschön, ein buntes Abschiedsfest mit vielen Freunden. Freunden, die ich lange nicht gesehen hatte, die meisten von weit her. Eine Ehrerbietung, die ich genoss. Ich liebte den Gedanken, das letzte Fest vorgezogen zu haben. Das hatte etwas Trauriges und gleichzeitig Erfüllendes. Bratsche und Orgel unterbrachen frei vorgetragene Texte und deren Übersetzung ins Italienische. Ich hatte Lust auf diese dramatische Inszenierung meines Abschiedsfestes. Ich war in meinem Leben selbstbestimmt und wollte auch nicht dessen Moderation abgeben, wenn ich gehen musste.

Haltet einen Moment die Welt an,

einen kleinen Moment nur.

Das Gefühl, dass gar nichts aus den

Fugen gerät, wenn ich gehe, ist

unerträglich.

Wie kann die Erde sich einfach weiter

drehen?

Nehmt euch nur eine Minute

für den Abschied von mir.

Ich möchte derweil in euren Herzen sein.

Ich möchte ein Loch hinterlassen, bitte stopft es nicht gleich.

Es schmerzt, wenn ich all die Boote im Hafen anderen Augen überlassen muss, wenn der bunte, schaukelnde Trost nicht mehr die Kraft hat mich aufzuhalten.

Es ist leichter zu gehen, wenn Bilder verblassen.

Der Schmerz wird erträglicher, wenn die Schönheit des Lebens mit der Zeit zerbricht.

Ihre Präsenz ist wie eine Schlange. Sie bietet den Apfel an.

Die Kraft hinein zu beißen in das saftige, knackige Fruchtfleisch fehlt indes.

Es ist schwer angesichts der Verlockung zu verzichten.

Solange ihr die Kraft habt, lasst euch nicht einreden, dass man aus Fehlern klug zu werden hat. Es gibt so viele Fehler, die wiederholenswert sind. Sie sind die Essenz des Lebens.

Wüssten wir immer, was richtig ist und würden leben nach dieser Maxime, wären wir bereits vor Langeweile gestorben.

Alles wäre grau, neblig, ungefähr, durchschnittlich und ungefährlich, aber nicht ehrlich, nicht authentisch, nicht wild, nicht stürmisch, nicht spürbar, nicht intensiv.

Aber dafür würde es nicht so weh tun zu gehen. Es gäbe keine Farben, die

zurück zu lassen wären. Man würde
einfach gehen, im Nebel
verschwinden, kein Loch
hinterlassen. Die weiße, wabernde
Masse schließt sich hinter dir und es
ist, als wärst du nie da gewesen,
spurlos...
Aber ich kenne die Farben des
Lebens. Ich möchte den ganzen
bunten Sündenfall noch einmal
erleben, alle meine wunderbaren
Fehler, naja, fast alle.

Ich liebe dieses verdammte Leben.
Beißt rein in den Apfel, solange ihr die
Kraft habt.

Ich sitze auf der Fußmatte der kleinen
mittelalterlichen Kirche, die ich mir
auf den Mauerabsatz direkt neben

deren Eingang gelegt habe und höre der Stille zu.

Solange ich noch Möglichkeit habe, kämpfe ich. Nur so bin ich bis hierher gekommen. Inmitten der Stille im Schatten der Zypressen auf dem kleinen Kirchplatz hat sich meine Liebe zum Leben durchgesetzt.

Parkinson war nie mein Freund, wie es hingegen hin und wieder in der Literatur vorgeschlagen wird. Keine Ahnung, was diese Identifikation mit dem Feind soll. Ich kann nicht besser mit ihm umgehen, nur weil ich ihn zum Freund ernenne. Mein Freund wird er niemals werden, er versucht mich zu zerstören und dagegen ist kaum ein Kraut gewachsen.

Es war dennoch kein bloßer Pyrrhussieg, der mich bis hierher getragen hat. Es war das Ergebnis meines Kampfes, real wie die Fußmatte in der Stille. Dieses Ensemble gab mir Kraft. Plötzlich lag mein eigentlicher Sieg vor mir. Ich wusste, ich will leben. Mein Kopf war frei und dieser große Gedanke passte hinein, kroch durch mich bis in mein Herz.

Zypressenallee

Fliegende Schatten
führen Debatten
mit dem gestreiften Licht der
Zypressenallee.

Das gleissende Licht sticht
und versperrt den Blick auf den See.
Die Schatten versprechen
beruhigende Kühle,
hoheitsvoll brechen
sie die Vormacht der Schwüle.

Groß und erhaben säumen die Bäume
die Straße der Sehnsucht,
Bild südlicher Träume.
Sie lassen dem, der danach sucht

rhythmisch einen Durchblick zu,
auf ein lila Feld der Ruh',
das duftend die Allee
in das Licht des Südens hüllt.

Ich will ewig leben,
das habe ich gefühlt,
dem Schutz der Dämmerung ergeben,
wohin der Weg auch führt.

Dass ich leben wollte, hieß indes
nicht, dass es um das reduzierte
Leben ging, in dem mir die
Baumarktartikel, die wir brauchten für
unser italienisches Haus, nur noch im
Rollstuhl vorgeführt werden konnten.
Mein Mann erhitzte sich zudem bei
der Suche nach Bohrern, Hämmern
etc. so sehr, dass er den Rollstuhl den
anderen Käufern aus dem - durch
mich versperrten Weg - zog, mit dem

Erfolg, dass ich mich in kürzester Zeit regelmäßig mit dem Rücken zum Regal befand und in die völlig uninteressante andere Richtung schauen musste. Kraftraubende Wendemanöver waren schon lange nicht mehr mein Ding. Frustration machte sich breit. Alles hörte auf; die normalen Dinge des Alltags machten mir durch ihre Abstinenz klar, was der Sinn des Lebens ist. Immer öfter. Mein Sinn wollte verschwinden. Nicht einmal mehr das Unkraut der Hofeinfahrt konnte ich bewältigen. Je weniger das möglich war, desto intensiver nahm ich den Geruch der feuchten Erde wahr, die ich in Wahrheit schon lange nicht mehr riechen konnte. Die Blumen entwickelten Farben, die ich zuvor nie wahrgenommen hatte, obwohl ich ein Draußenkind war, ein Wiesenkind, vor allem aber ein Waldkind.

Ein Waldkind ist etwas Besonderes.

Es hat Kraft und Mut.

90-83-76-69-62-55 usw., immer
minus 7, dann Montag, Dienstag,
Mittwoch, Donnerstag, Freitag,
Samstag, Sonntag, immer wieder, bei
vollem Bewusstsein. Mein Kopf war
geöffnet, sodass jetzt meine
Operateurin und ihr Assistent am
Gehirn den Eingriff vornehmen
konnten; die Elektroden wurden
platziert. Hierbei musste ich helfen,
indem ich den richtigen Platz für die
beiden Elektroden mitbestimmen
konnte durch mehr oder weniger
Stimme bzw. Stressbelastbarkeit etc.
Im Gehirn gibt es keine Nerven,
deshalb war die Operation quasi

schmerzfrei. Zudem hatte ich einen kompetenten Begleiter, der mir im wahrsten Sinne des Wortes meine Hand hielt und jeden Schritt erklärte. Das war tatsächlich der größte Trost, den mir jemand in dieser Situation zuteil werden lassen konnte. Ich dankte ihm, indem ich -nach der ungefähr zwanzigsten Leier der Wochentage und des Rückwärtszählens- mein Gedicht vortrug:

Traumtanz

Hört Ihr mir zu?

Dann erzähl ich euch meinen Traum.

Darin wähnte mir,

als spannte ich ein Seil

von Baum zu Baum

und ich tanzte

beinahe schwerelos auf meinem Seil,

man sah mich kaum.

So hatte ich ein kleines Stück

von einem großen Glück zurück.

Herr Professor Dr. Timmermann ist Neurologe und eine Kapazität auf dem Gebiet der *Tiefenhirnstimulation*. Am nächsten Tag würde er das Krankenhaus verlassen, um Chefarzt an einer anderen Uniklinik zu werden. Das wusste ich erst seit kurzer Zeit, war aber völlig beruhigt, als ich erfuhr, dass er mich trotzdem noch während der Operation begleiten würde, auch wenn es sein letzter Arbeitstag sein würde in Köln. Sicher war dieses Gefühl der Ruhe in mir nicht unbedingt adäquat, aber es gibt Situationen im Leben, da ist es nicht das reale Erleben, das einem weiter hilft, sondern ist es das emotionale Erleben, das einen Bäume versetzen lässt. Danke also noch einmal für Ihre Professionalität, aber vor allem für Ihre Menschlichkeit, lieber Herr Professor.

Ich war bereits am Folgetag meiner OP top-fit, wobei mir hypomanische Tendenzen angehängt wurden, weil ich dem Pfleger spaßeshalber einen kleinen Klaps auf den Po gab, aber das war ich, so, wie ich immer war und bin, es war eine humorvolle Geste die Chefarztvisite los zu werden und die bitterernsten Mienen, frei nach dem Motto „*Nun mal raus hier, in diesem Zimmer herrscht heute Frohsinn*". Aber das Zwinkern meiner Augen wurde wohl nicht bemerkt; es wurden kurzerhand Anhaltspunkte für eine Impulskontrollstörung in Betracht gezogen. Indes hänge ich eher der These an, dass das Gehirn kurz nach der Operation noch angeschwollen ist, was oft dazu führt, dass bereits ohne jegliches Medikament und vor Inbetriebnahme der eingesetzten Elektroden der beste Zustand aller Zeiten erreicht ist, vielleicht noch etwas zuviel Adrenalin im Blut, jedenfalls gut gelaunt, erleichtert, glücklich und schmerzfrei...

Ich war so gut drauf, dass ich gleich am nächsten Tag mit meiner Familie zum Mittagessen die Klinik verließ und am selben Tag eine von Herrn Prof. Dr. Timmermann vorbereitete Veranstaltung besuchte, bei der sein Spezialgebiet, nämlich die *Tiefen-hirnstimulation (THS)* bei medikamentös austherapierten Parkinsonpatienten völlig ausgeklammert war. Zumindest gestand man dem Thema keine zentrale Rolle mehr zu. Der Hauptdarsteller war nicht anwesend; die Vorstellung fiel zwar nicht aus, das Drehbuch indes war umgeschrieben. Meine Wortmeldung wurde kurzerhand abgeschnitten, obwohl ich mit meinem sichtbar frisch operierten Kopf als positives Beispiel hätte Mut machen können, Ängste hätte nehmen können. Ich hatte das Gefühl, nicht gewollt zu sein, ich passte nicht zwischen die krankenhauspolitischen Strukturen.

Aber Schluss jetzt; es ist nicht mein Anliegen Dinge aufzudecken. Dies würde zudem ein weiteres Buch füllen. Solange ich noch voller Dankbarkeit bin ob der wahnsinnig guten Leistungen der Ärzte und voller Ehrfurcht mein zurück gewonnenes Leben betrachte, gibt es keinen Platz in mir für Beschwerden, die alle nicht dem Erfolg auf der anderen Seite das Wasser reichen können. Lassen wir es also dabei.

Es gibt darüber hinaus genügend Schreibwerk über Parkinson, mehr oder weniger qualifiziert; insbesondere die *THS* zieht viele Auseinandersetzungen nach sich. Da braucht es nicht noch einen Beitrag von mir. Lediglich beschäftigt mich die Frage nach einer möglicherweise charakterlichen Veränderung im Zuge der Operation. Ein wenig soll dieses Thema noch in mir wachsen.

Ich möchte Euch derweil meine Gedichte vorstellen, die entstanden sind vor der mir zuteil gewordenen *Tiefenhirnstimulation* am 30. August 2016, dem Datum meiner Wiedergeburt.

Das Schreiben hatte für mich eine große therapeutische Wirkung. Es hat meine Seele befreit.

Chimäre

Trugbilder im Kopf,

unbändige Schmerzen.

Wer hat das Wesen zusammengefügt,

das mich um mein Leben betrügt?

Drei Köpfe sprechen ohne Sinn

mangels Worte vor sich hin,

speien giftiges Feuer.

Indes zähme ich das Ungeheuer.

Es scheint mir klar wie nie,

allein die Poesie

vermag dies zu erreichen.

Drum erlaube ich Chimära meine

Gedichte zu leben.

Sie darf fortan ihre Stimme erheben.

Mein Fest

Einmal im Leben zum Abschied
möcht' ich Euch alle sehen.
Möchte lauschen dem Abendlied,
das bitter ist und schön.

Der Himmel riecht ganz angebrannt
von der Sonne im Untergang.
Längst bin ich nicht mehr
weggerannt,
in Erwartung des großen Empfang.

Flammend beruhigt sich die Röte.
Worte in Minuten zu Tode gehetzt.
Betäubender Gesang der Kröte,
verstehe gar niemanden jetzt.

Betörend und lustvoll versinken

Gespräche als Fetzen im Takt,

beschwören mich dumpf und
ertrinken,

als hätte nie jemand etwas gesagt.

Nur die Stimme im Innern verbleibt

im Herzen wie Blicke im Nu.

Ohne, dass sie jemand beschreibt,

gehört sie dennoch dazu.

Als Elixier der Liebe

zaubert sie ganz sacht

die Melodie endgültiger Freiheit

als Abschied von euch zur Nacht.

Der Geiger

Wo sind die Zwischentöne,

der Geige sonst entlockt?

Die liebste Wunderschöne?

Der Geiger ist geschockt.

Die Hecke hält sie fest umschlungen

im Mondenschein ganz fahl.

Er hat ihr vorgesungen

und spürte süße Qual.

Die Saiten flüstern Lieder,

ihr Echo spielt allein.

Kein Kuss erzittert Glieder,

Lippen, die nicht schreien.

Morgen kommt er schon zurück

und hofft, dass sie ihn will.

Er holt sich dort sein Liebesglück,

doch bleibt die Liebste still.

Der Geiger spielt ihr vor

und hört sie leise lachen.

Mit ihm singt ein Chor,

das lässt sie fast erwachen.

Der Geruch von Schnee

Kennt ihr das auch,
Gerüche, die niemals vergehen?
Ich roch den Schnee
die Lügen der Kindheit verwehen.

Geschehenes ungeschehen vorüber,
so war es euch wohl lieber.
Niemand konnte sie bemerken,
die Schande versteckt in den Bergen.

Angst und Trauer im Jagertee,
rieche ich den kühlen Schnee.
Er bedeckt den unendlichen Schmerz,
leichte Flocken trösten mein Herz.

Tanzend über der weißen Welt

dämpfen sie den rauschenden Fluss,

vernebeln meinen Helden,

der in mir sterben muss.

Es ist der Geruch von Schnee

begleitet von Kirchengeläut.

Bevor ich für immer geh',

sollst du wissen,

ich hab' es bereut.

Frühlingserwachen

Ein Gedicht geht um die Welt

und lädt die Vögel ein,

am Leben beteiligt zu sein.

Formationen schwirren am
Himmelszelt,

verschenken verschwenderisch ihre
Lieder.

Er packt mich immer wieder,

der Rausch des Erwachens,

wie die Spur eines Lachens

in dem Kindergesicht,

zwischen Schmutz und Tränen
verwischt

und die Augen so offen,

auf Licht und Liebe hoffen.

Im Sommer wirst du genießen,
was der Frühling verspricht.
Die Blumen, die jetzt sprießen,
baden im warmen Licht.

Barfuß tanzen die Kinder,
das ist ihr eigener Sinn.
Der Frühling vertreibt den Winter.
Ich spür' mich und weiß, dass ich bin.

90. Geburtstag meiner Mutter (auf der Terrasse meines Elternhauses)

Ich sehe am Himmel oben

weiße Wolken toben

und denke gern daran,

dass du dann und wann

in sommerlicher Wärme

auf der Liege lagst,

den Arm um mich geschlungen

hast du ganz leise gesungen,

wie sehr du mich heute magst.

Vogelschwärme sausten

durch unser Wolkenbild

in dem Wesen hausten,

die furchtlos waren und wild.

Sie hatten nicht nur ein Gesicht;
kaum rührte sich ein Wind,
war es schon Geschichte.
Es folgten kleine Wichte.

Doch auch diese Bengel
waren sekundenschnell
die liebsten zarten Engel.
Aus dunkel wurde hell.

Es war die Kraft der Phantasie,
die du mir vermittelt.
Dein Geschenk verlässt mich nie,
selbst wenn Parkinson mich schüttelt.

Geraubter Schlaf

Mein Schlaf geraubt vom vollen Mond,

hat mich die Nacht verlassen.

Mein Herz erschlägt

beinahe gekonnt

die Ruhe in den Gassen.

Trotzige Lichter

flimmern im Tal,

weitere Dichter

in nächtlicher Qual.

Unruhe geistert pochend in mir;

hellwach und doch müde

erkenne ich das Tier,

das mir im Zwielicht der Mondesnacht

Schrecken in den Halbschlaf gebracht.

Es ist die einäugige Katze,

die sich in mein Bett geschlichen.

Zwar ist sie dem Lampenlicht
entwichen,

doch tobt noch ihre Fratze

und stellt mich auf "Hab acht",

schutzlos inmitten der Nacht.

Jahreswechsel

Noch eine Stunde im alten Bunde

jährt sich banal zum siebten Mal

der Zellen geheimer Untergang.

Es dauert wohl nicht mehr allzu lang.

Zerstörung lässt mir schwarze Löcher,

genießt des Drama's steten Lauf,

fordert Opfer noch und nöcher,

setzt täglich neues Leid darauf.

Die Löcher sind gewaltig

und bewohnt von Ratten,

die des nachts mannigfaltig

mein Bett besuchen als deren
Schatten

und meinen Schlaf behindern.

Licht sucht Schrecken zu lindern.

Vampire als Opfer des Lichts,

aufgelöst in nichts.

Ich konstruiere Zwischenräume,

die schmerzfrei sind und dennoch schreien,

begebe mich in die Welt der Träume

und lebe dort zu zweit allein.

Mein Wille bricht ganz leise

und verlässt die Welt,

müde von der Reise

der Geist, der nichts mehr hält.

In meiner Glieder angespannte Stille

kehrt endlich Ruhe ein.

So ist mein allerletzter Wille

und hört im Herzen auf zu sein.

Gespenster

Sie fliehen vorbei,
wie nächtliche Schatten.
Ich höre mich schreien
im Traum, den ich hatte.

Entlarvt hab ich sie,
die Schrecken der Nacht.
Dunkel bricht ein,
die Meute lacht.

Kommt nur her
und lasst euch begrüßen,
ihr Gespenster zu meinen Füßen.

Ohne Furcht bei eurer Wiederkehr

lass' ich euch hier liegen

und kann meine Angst so besiegen.

Ich flüchte nicht mehr vor euch.

Ihr seid gar nicht da,

ich hatte mich getäuscht.

43

Erinnerung

Ich möchte am Abend mit dir am
Strand unten sein,

zwischen den Dünen,

mit dir allein.

Das Licht würde zaubern,

die Luft wär' noch warm,

du nähmst mich behutsam in deinen
Arm.

Dein Haar riecht nach Salz

und deine Haut schmeckt nach
Schweiß,

von der Sonne gebräunt ist sie
aufreizend heiß.

Jetzt berührst du mich fester

und ich folge dir nach,

über uns ein Wolkendach.

Ich schaue der sterbenden Sonne zu,

die sich in deinen Augen spiegelt

und unbändig meine Sinne beflügelt.

Dann lieben wir uns im gleichen Klang,

dem nächtlichen Rhythmus ergeben.

Dein Atem ist wie tiefer Gesang,

eine lustvolle Ode ans Leben.

Einladung

Heute Nacht möchte ich mit euch
allen

im Schutze des Abendrot

die Böller von letztem Jahr knallen.

Ich werd' 60 und bin noch nicht tot.

Ich möcht' euch so gerne zeigen,

wie schön wir noch immer sind.

Im Himmel spielen die Geigen

und die Luft am Abend ist lind.

Lasst uns heut' Nacht vergessen

Krankheit, Verletzlichkeit.

Ich werd' ein wenig vermessen

mich benehmen wie nicht gescheit.

Ich hab's immer geliebt zu lachen
und steck' euch damit heut' an.
Kommt her, wir lassen es krachen.
Hab' nie eine Chance vertan.

Das will ich mir dann sagen,
wenn's irgendwann nicht mehr geht.
So wird in schweren Tagen
der Schmerz vom Wind verweht.

Im Park Inson

Lasst mich einfach gehen,
ich will alleine sein.
Könnt ihr denn nicht sehen,
es bricht die Welt mir ein?

Ich möchte langsam leben,
solange es noch geht.
Habe kein Bestreben,
dass ihr mich dabei seht.

Möchte heute genießen,
was mir solange verwehrt.
Sehe Blumen sprießen.
Was ist daran verkehrt?

In keine Richtung denken,
barfuß im Wind mich drehen.
Niemand soll mich lenken,
kann noch alleine gehen.

Bin schließlich angekommen
in meinem Park Inson.
Hab' euren Ruf vernommen,
doch nur als leisen Ton.

Mein Himmel schützt von oben
als Zelt die Einsamkeit.
Wer nahm mich aus der Mitte,
dem Lebenstraum zu zweit?

Das Leben ist geliehen,
ich übe hier mein Glück.

Längst hab' ich mir verziehen,
doch kann ich nicht zurück.

So geh' ich langsam vorwärts
und lass' es endlich zu,
auch wenn es manchmal schmerzt,
find' ich jetzt meine Ruh'.

Ich sehe Wolkenbilder,
die ich als Kind schon sah.
Sie waren damals wilder,
doch ohne Zweifel da.

Das Glück hat kurze Weile
drum lasse ich sie ziehen,
die Wolken, die in Eile
am Himmel vor mir fliehen.

Versuch' sie nicht zu halten

mit meiner Projektion.

Sie dürfen sich entfalten,

zum Glück im Park Inson.

In Träumen, Spiegeln und Wasser siehst Du den Himmel und die Erde (chinesisches Sprichwort)

Im Traum siehst du Himmel und Erde
zur gleichen Zeit zur Einheit werden.
Im Wasser siehst du zugleich
Wolken am Himmel weiß und weich.
Sie schwimmen im See,
gebettet in Wiese und blühenden
Klee.

Auch ein Spiegel lässt dich erleben
den Himmel auf Erden, umgeben
von deinem Spiegelbild
das Himmel und Erde zusammen hält

...bis ans Ende dieser Welt.

Schmuddelkinder

Ein Kinderlachen zieht um die Welt,

im Sommer auf baren Füßen.

*Ein Versprechen, das der Sommer
hält,*

wollen sie begrüßen.

*Sie spritzen und planschen am
kleinen Bach*

und lassen den Kummer fließen.

*Niemand fragt des andern Herkunft
nach.*

*Alle sind nackt und schwarz an
Gesicht und Füßen.*

*Erst am Abend, als sie nach Hause
kommen,*

lassen sie ihr verschwitztes Glück

gut versteckt vor dem sauberen Haus
zurück,

sonst hätte die Mutter es ihnen
genommen.

Das Sommergeheimnis hast du
gewahrt.

Sind's heute auch nicht
Schmuddelkinder,

die dir dein Glück bescheren,

so gibt es Verbotenes, nicht minder

mit Leidenschaft zu begehren.

Beim Überschreiten jeder Grenze

erhältst du in Gänze

und erfüllt von Glück

ein Stück vom einstigen Sommer
zurück.

Weißt Du noch?

Weißt du, weißt du es wirklich noch,

als mein Kleid nach zu viel Parfüm
roch?

Beim Tanzen hab' ich dir den Kopf
verdreht,

selbst nicht gewusst,

wo mir der Sinn jetzt steht.

Weißt du, weißt du es wirklich noch?

Als das Lied ganz langsam in uns
kroch,

war es dann um uns geschehen.

Wir konnten kaum nach Hause gehen.

Weißt Du, weißt du es wirklich noch?

Wir sprachen nichts,

doch mein Kleid, das roch.

Du hast mich durch mein Kleid
berührt;

ich hab' gebrannt und dich mit
meinem Duft verführt.

Weißt du's vielleicht, weißt du es
noch,

wie kamen wir in dein Zimmer hoch?

Weiß nur noch, dass wir dort
ertranken

im Liebesrausch, ganz ohne
Schranken.

Drum frag' ich dich, ob du's noch
weißt,

wie mein Parfüm von damals heißt.

Verloren

mein Blick auf die Welt mit den
Augen des Kindes,
das Gefühl der Berührung
mit der Zartheit des Windes.

Verloren die Farben, die wir einst
hatten,
längst liegen sie im kühlenden
Schatten.

Selbst die Blumen hören auf zu
tanzen,
das übernehmen Kakerlaken und
Wanzen.

Sie liegen schon auf der Lauer,
ja, seht es euch an,
wie die Wanze tanzen kann!

Was ist schon Weisheit,
was ist das bloß,
indes dein Körper Hunger schreit,
verdorrt dein ausgedienter Schoß.

Niemand versteht mehr deine
Welten,
niemand lässt dich in die seine
hinein.
Vergessen sind deine großen Helden,
auch du warst mal groß
und wirst langsam klein.

Die Kinder kommen
und schauen dich an.
Sie schauen dir bis ins Herz.
Sie sehen, was sonst keiner kann,
dich und den unbändigen Schmerz.

Der Feind im Hintergrund

Blätterrascheln, Nebelhauch,
flüssig kalte Winde,
kriechen durch den Geisterstrauch
auf brüchig fauler Rinde.

Niesel hat ihn eingeholt,
die Haut feucht klamm bezogen.
Die warme Zigarette glüht,
sie hat ihn nie betrogen.

Was will der Feind im Hintergrund?
der Baum soll ihn verstecken.
Das Unterholz war auch mal bunt
und musste grau verrecken.

Die Glut der Zigarette sticht
ihr kurzes Licht ins Dunkel.
Das Denken an den Abschied bricht,
sekundenlanges Funkeln.

Plötzlich ist sie hell die Nacht.
Die Nebel sind getrocknet.
Ein Uhu hat bei ihm gewacht,
hat seinen Traum begleitet.

Er hat ihn wohl hierher gebracht,
die Himmel ihm geweitet.

Das andere Land

Viele kleine Schritte
führen aus meiner Mitte
an deiner starken Hand.
Ich hab' noch eine Bitte:
Du hast mich doch gekannt.

Erzähl' den andern allen,
vor allem unserm Sohn,
dass ich schön war und voll Leben,
konnte nehmen, konnte geben,
mein Lachen hat euch angesteckt,
wir haben vieles ausgeheckt.
Es ist drum wie ein Hohn.

Alles schwindet,

niemand findet

mich dort,

wo ich einst war.

Nur du bist immer da

und hältst mich an der Hand

unterwegs in ein anderes Land.

Meine Affäre

Leise krabbelt er und berührt zart
meine rechte Brust.
Er stolpert in quirliger Lust.
Flaumiges Kleid erschwert neuen
Start.

Er fällt in den Nabel hinein,
trinkt sich an einem Schweißtropfen
satt
und lässt sich auf seinen Rausch ganz
ein.
Ich bedecke ihn mit einem Blatt.

Nach einer Ewigkeit der Ruh'
lupfe ich sein grünes Kissen.
Der Käfer fliegt jetzt fort im Nu;
ich werde ihn vermissen.

Der freie Fall

Hinter großen Toren
ward ich einst geboren.
Mag sein,
es waren Himmelspforten;
allein
brach ich auf zu anderen Orten
und
unterwegs von irgendwo,
im freien Fall nach nirgendwo,
hab' ich mich dann verloren
und fand mich schließlich wieder
vor dem großen Tor.
In Demut knie ich nieder
und singe Heimatlieder,
doch niemand öffnet mir.
Die Mutter wohnt hier nicht,
denn sie folgte dir
im freien Fall und ohne Licht,

wollt' nicht, dass dein Herz zerbricht.

Doch als im Dunkeln sie verspürte,

dass dein Weg dich zu dir führte,

da ließ sie los

und schwebt nun leise

eine letzte eigene Reise.

Nachtszene

Ein Nebel hörnt die Nacht,

über dem Fluss Sehnsucht verkündet.

Der traurige Gruß ins Meer hinein
mündet.

Da, wo du die Tage verbracht,

nimmt die feucht-kalte Hand

die deine und führt in ihr Land.

Eine Möwe da oben lacht

schreiend durch die Nacht.

Das Licht

bricht

den Zauber der blitzenden Schatten.

Die Wärme der feinen Nadeln sticht

die Haut, die wir einst hatten.

Das Licht

bricht

der Königin Gebärde.

Die Eitelkeit, der Stachel sticht

auf feuchter schwarzer Erde.

Das Licht

bricht

den Sprung der großen Katze.

Bewegung zittert ihr Gesicht,

den Schlag mit einer Tatze.

Das Licht

bricht

das Auge dieses Kindes.

Ein Leuchten geht in Finsternis,

mithin der Hauch des Windes.

Am Ende der Straße

Ich sehe dich nicht

und doch sehe ich

dein Schattenbild gegen das Licht,

eine Projektion ganz ohne Gesicht.

Du scheinst anders als alle,

willst allen gefallen,

doch hinter der Schönheit

verbirgt sich in Wahrheit

ein ängstliches Gesicht.

Man sieht es nicht im Gegenlicht.

Du glaubst dich glücklich, reich und klug,

aber alles ist Schein, nur Lug und Trug.

Ich sehe dich stehen

am Ende der Straße,

ein Kommen und Gehen,

doch du trägst die Nase

hoch und fühlst dich überlegen

schaust herunter

auf die, die dich lieben

und vergisst mitunter,

dass dein Streben
etwas Besonderes zu sein
einsam macht im Leben,
einsam, traurig und allein.

Nun stehst du ganz alleine
und ohne ein Gesicht.
Niemand sieht dich weinen,
auch ich, ich seh' es nicht.

Doch will ich nicht richten,
das steht mir nicht zu.
Ich gehe einfach weiter
und lasse dich in Ruh.

Der Zahn der Zeit

War es nicht einmal Liebe?
Ich hab' es fast vergessen.
Waren es die Triebe?
Das wäre wohl vermessen.

Schweigend schauen wir auf den See;
der Zahn der Zeit tut schrecklich weh.

Ich seh' nicht dein Gesicht,
die Zeit hat's weggewischt.
Ich wusste es sehr lange schon,
es sind nicht deine Falten.
Es ist die tiefe Frustration,
Gefühle, die erkalten.

Du weißt es immer besser.
So vieles mach' ich schlecht.
Als zögest du ein Messer;
es wär' mir beinah' recht.

Es kommt kein Wort aus mir heraus;
den Zahn der Zeit halt' ich nicht aus.

Die Kraft ist mir entfleucht,
das Leben scheint gewesen.
Bin viel zu sehr enttäuscht
und halt mich fest am Tresen.

Mein Drink macht mich benommen,
so tut's nicht ganz so weh;
ich sehe nur verschwommen
den einst geliebten See.

Ich fühle mich alleine
und spüre großen Schmerz.
Dann seh' ich dich und weine.
Ich öffne dir mein Herz.

Ich kannte schon die Liebe
und auch die Leidenschaft.
Mein Leben war beileibe
voll Schönheit und voll Kraft.

Komm' lass uns neu beginnen,
raus mit dem Zahn der Zeit.
Wir können nur gewinnen.
Wir sind doch stark zu zweit.

Schmerzliche Erkenntnis

Die Nacht, dunkel und feucht,

hat darüber hinweggetäuscht,

dass du eigentlich gegangen bist.

Mein Herz war Gefangener dieser List.

Doch nach verzweifelt gelebter Lust

hat sich die Nacht davon geschlichen,

nahm mit sich Schmerzen, Leid und
Frust

und ist dem Tag gewichen.

Sie ließ zurück im Morgenlicht

ein Abschiedsgedicht:

„Ich male dir ein Bild

aus lauten und aus leisen Tönen.

Ein Konzert gebe ich Dir

aus Farben, die das Leben schönen

und hörst du meine Bilder nicht,

siehst du nicht mein Konzert,

dann ist es, als ob mein Herz
zerbricht,

du warst es wohl nicht wert."

Mittsommer

Mittsommernächte im Feuerschlund

versprechen Glut hitziger Dünen.

Leiber sprengen ohne Grund

Milchmädchenphantasien.

Mittsommernacht gewaltig im Sand,

betende Zauberflüche,

im Dunkel geh'n sie Hand in Hand,

ekstatische Mondgerüche.

Mittsommernächte lassen ziehen

die Sehnsucht der Milchmädchen Schenkel,

erfüllen mit Windnachtgeplänkel

bebende Körper überschön.

Mittsommer erinnern Rosenstrauchkinder

im Fluss der schützenden Nacht.

Haltlos zieht die tiefe Macht

vergessene Gier der Münder.

Krankenhaus

Geschäftige Schritte immanent
auf langen kalten Fluren,
kein Klopfen an der Tür
bringt Pille, die Leben schönt
mir genauso wie den Huren.

Es ist die Kür,
die mich noch hält.
Die Pflicht ist längst erledigt.

Der Blick nach draußen, der ist grau,
mit weißem Schnee verkleidet.
Ich seh' den Schnee und weiß genau,
es schmerzt, wenn Leben scheidet.

Zu seinem Preise

*(in Teilen der alten
Volksweise entlehnt)*

Guter Mond, du gehst so stille
durch die Abendwolken hin;
deines Schöpfers weiser Wille
hieß auf jener Bahn dich zieh'n.

Leuchte freundlich jedem Müden
in das stille Kämmerlein,
und dein Schimmer gieße Frieden
ins bedrängte Herz hinein.

Guter Mond, du wandelst leise
an dem blauen Himmelszelt,
wo dich Gott zu seinem Preise
hat als Leuchte hingestellt.

Blicke traulich zu uns nieder
durch die Nacht aufs Erdenrund.

Als ein treuer Menschenhüter
tust du Gottes Liebe kund.

Doch heute siehst du giftig aus
und scheinst ganz ohne Leidenschaft
von deinem fernen Himmelshaus
auf mich, auf den die Meute gafft,

als ich mich im Wein ertränkt,
bloß um mich zu befreien.
„Wer hat dich bloß dahin gehängt?"
hör ich mich lautlos schreien.

Du grinst mich an wie lange schon,
die Mine ewig gleich.
Ich stör' mich dran, lauf davon
und stolper in den Teich.

Von oben kommt dein greller Hohn,
nicht tröstend deine Stille.
Am Abendhimmel gehst du nun
vorbei, so ist sein Wille.

Es ist mir beinahe einerlei.
Macht das des Tages Schwüle?
Verschluck' den unterdrückten Schrei
und hab' kaum mehr Gefühle.

Trotzdem singe ich leise
die alte Abendweise,
die ich dir schon als Kind geschenkt,
bevor ich mich im See ertränkt.

Guter Mond, nicht sanft und mild
glänzt du im Sternenmeer,
wallst auch nicht am Himmelszelt
feierlich einher.

Menschentröster? Gottesbote, der auf
Friedenswolken thront?
In der schönsten Morgenröte
war ich gottverlassen tot!

Bitte Leben

halt mich fest,

feste auf der Erde.

Bin gewesen,

bin auch jetzt,

weiß nicht was ich werde.

Möchte weinen,

lachen auch,

manchmal beides einen.

Bin oft schwach

und nur ein Hauch,

mag ich auch stark scheinen.

Manchmal lasse ich es laut
und auch lustvoll krachen,
fühle Leid und neue Kraft,
mach' verrückte Sachen.

Liebes Leben,
hab's geschafft,
hab' alles, was ich brauche;
oft zu wenig,
meist zu viel,
dazwischen lag noch nie
mein Ziel.

Liebes Leben,

bleib bei mir,

möcht' noch nicht verfliegen,

habe Lust mich mit dir

im Tanze zu verbiegen.

Ich gehe,

wenn der stumme Tanz

am allerschönsten ist,

lasse dich dann voll und ganz

auf der Erde liegen.

Inhalt

Mein Dank gilt auch den Schülerinnen und Schülern der Schülerfirma ARKADIEN Galerie Artothek des Adolph-Kolping-Berufskollegs der Stadt Münster, die mir ihre Bilder zur Illustration zur Verfügung gestellt haben.

FSC
www.fsc.org

MIX

Papier | Fördert
gute Waldnutzung

FSC® C083411

Zeitfracht Medien GmbH
Ferdinand-Jühlke-Straße 7
99095 Erfurt, Deutschland
produktsicherheit@kolibri360.de